Luxemburgo
- un pedazo de tarta

Muestra de Luxemburgo y sus pasteles, con fotos propias

Cristina Berna y Eric Thomsen

2019

Luxemburgo
- un pedazo de tarta
Muestra de Luxemburgo y sus pasteles,
con fotos propias

Cristina Berna y Eric Thomsen

ISBN **978-2-919787-25-8**

Sobre los autores

Cristina Berna le encanta fotografiar y escribir. También crea diseños y consejos sobre moda y estilismo.
Eric Thomsen ha publicado en ciencia, economía y derecho, creó exposiciones y organizó conciertos.

También por los autores:

World of Cakes - Mundo de los pasteles

Luxemburgo - un pedazo de tarta

Florida Cakes

Catalan Pastis – Catalan Cakes

Andalucian Delight

World of Art - Mundo del arte

Hokusai – 36 Views of Mt Fuji

Joaquín Sorolla – Landscapes

Outpets

Deer in Dyrehaven – Outpets in Denmark

Florida Outpets

Birds of Play

Vehicles - Vehiculos

Copenhagen vehicles – and a trip to Sweden

Construction vehicles picture book

Trénes

Missy's Clan

Missy's Clan – The Beginning

Missy's Clan – Christmas

Missy's Clan – Education

Missy's Clan – Kittens

Missy's Clan – Deer Friends

Missy's Clan – Outpets

Missy's Clan – Outpet Birds

Christmas - Navidad

Belén de Navidad - España

Christmas Nativity Hallstatt

Christmas Nativity Vienna

Christmas Nativity Luxembourg Trier

Christmas Nativity United States

Christmas Nativity Innsbruck

Christmas Market Innsbruck

Christmas Market Vienna

Christmas Market Salzburg

Contactar a los autores

missysclan@gmail.com

Publicado por www.missysclan.net

Luxemburgo - un pedazo de tarta

Muestra de Luxemburgo y sus pasteles,
con fotos propias

Cristina Berna y Eric Thomsen

2019

Contenido

Introducción

Este pequeño libro es para todos los viajeros y amantes de las tartas y pasteles.
No fue algo planificado -surgió durante nuestro primer año en Luxemburgo, lleno de alegría y emoción- todos los tentadores escaparates de las tartas -una pequeña muestra- y como los pasteles eran tan deliciosos y llamativos comenzamos a hacer fotos.
Probamos todos los pasteles por nuestra propia cuenta pero faltan fotos algo que lamentamos cuando finalmente nos decidimos a escribir la historia.
¡Estamos muy contentos de compartir esto con usted y esperamos que disfrute de Luxemburgo y sus pastelerías!
Por favor, disculpe la foto del paquete tan simple! Sin embargo, las imágenes son auténticas y hemos probado todos los pasteles.

Cristina y Eric

Luxemburgo - un pedazo de tarta

Permítanos llevarlo a un pequeño y delicioso viaje al mundo de los pasteles, y a uno de los países más pequeños del mundo: el Gran Ducado de Luxemburgo.

La ciudad de Luxemburgo y la catedral, vistas desde la antigua fortaleza del Parc de Trois Glands, al sur de la avenida John F Kennedy, Kirchberg Plateau, al otro lado de Grand Duchess Charlotte Bridge. © Berna 2014.

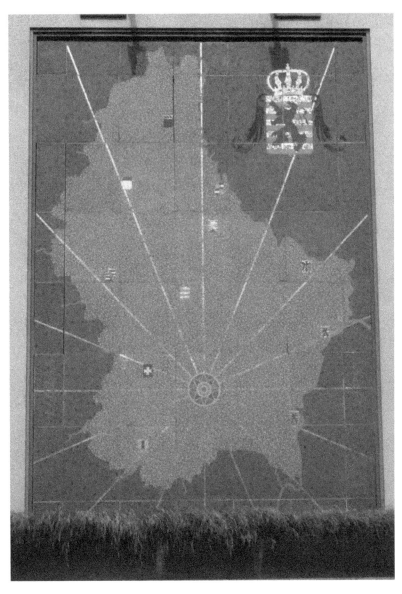

Mapa de Luxemburgo. Mosaico de pared en Wasserbillig,
Luxemburgo. © Berna 2016.

Luxemburgo se encuentra justo en el centro de Europa occidental, entre Francia, Bélgica y Alemania. El tamaño es 2.586 km2.
En comparación, Rhode Island, EE. UU. Tiene 3.140 km2 y Gran Bretaña tiene 209.331 km2.

El siguiente mapa es un muro de mosaico en Wasserbillig, donde los dos ríos, Mosel y Alsette o Eich en el idioma local, se encuentran.

Wasserbillig es un lugar interesante, justo en la frontera con Alemania, y en la confluencia hay una gran cantidad de cisnes en invierno.
Este espectáculo es tan atractivo que hay un tráfico constante de automóviles con personas que solo quieren echar un vistazo, pero algunos también traen pan para dar de comer a los cisnes, así como patos, gansos, palomas y cuervos reunidos aquí .
Las aves no son tí: animales con los que las personas interactúan, disfrutando de la interacción, incluso por su valor terapéutico (ver nuestra serie de libros Clan Outpet y Missy).

Dando de comer a los cisnes en Wasserbilling. © Berna 2017.

Los cisnes son animals salvajes, grandes y
hermosos, vienen y te hablan. Muestran aprecio
cuando eres amable con ellos, todas las cosas que
muchos humanos no muestran.
Los cisnes tampoco son realmente adecuados
como mascotas para el apartamento de tamaño
normal.
Las aves se reúnen principalmente en el lado de
Luxemburgo y en la desembocadura del río
Alsette.

Pasteles de cisne con crema batida. © Berna 2014.

El territorio de Luxemburgo se estableció ya en 963 cuando el Conde Sigfried I adquirió una fortificación romana - *Lucilinburhuc* - "el pequeño castillo" - de la Abadía Imperial de San Maximino en Trier.

La familia aumentó con éxito las tierras y en 1308 el Conde Enrique VII fue lo suficientemente importante como para ser elegido Rey de los Alemanes y el Sacro Imperio Romano. Sus tierras terminaron como parte de los Países Bajos de los Habsburgo.-

Las fortificaciones de la ciudad gradualmente se

habían expandido con una gran importancia estratégica, sentándose en el borde de los territorios del norte de los Habsburgo y el Reino de Francia.

Escudo de Luxemburgo a la entrada de la Fundación Pescatore al otro lado de los parques por Glacis-Limpertsberg. © Berna 2014.

Luxemburgo volvió a ser territorio independiente en el Congreso de Viena en 1815, cuando el Gran Ducado de Luxemburgo se convirtió en una parte independiente de los Países Bajos en 1815, con William I convirtiéndose en el Rey de los Países

Bajos y Gran Duque de Luxemburgo: una unión personal.

Dos tercios de Luxemburgo, la parte occidental de habla francesa en su mayoría, se perdió en Bélgica en la revolución belga 1830.

Residencia Gran Ducal en la ciudad de Luxemburgo. Los guardias son una señal de que la familia está en la ciudad. Normalmente residen en un gran castillo en Colmarberg. © Berna 2014.

La parte perdida es ahora la Provincia de Luxemburgo en Bélgica, e incluso con un movimiento separatista pacífico que espera reunirse con Luxemburgo un día.

El actual gobernante es Henri, que se convirtió en gran duque en el 2000. Luxemburgo es una monarquía constitucional con una asamblea legislativa, una democracia representativa. Tiene tres idiomas oficiales: alemán, francés y Letzeburgesch, un alemán que se habla en la mayor parte del área de Mosel.

Un cuarto idioma no oficial es el portugués, absolutamente necesario si quieres un trabajo en una tienda. De la población de aproximadamente 530,000, casi 240,000 son extranjeros, principalmente ciudadanos de la UE que han venido a trabajar. Hay más de 80,000 portugueses en Luxemburgo (más sobre esto más abajo).

Industria de fondos bancarios y de inversión

Cada vez que se menciona a Luxemburgo, muchas personas piensan primero en el dinero y los bajos impuestos, bancos secretos y fondos de inversión exitosos.

El puesto como centro financiero no es accidental. Es el resultado de la previsión y el trabajo duro y dedicado. Caisse d'Epargne de l'Etat ("Spuerkess") con la gran torre del reloj y Banque Internationale a Luxembourg (BIL) se establecieron en 1856. La primera sucursal extranjera - SOGENAL - llegó aquí en 1893.

La bolsa de valores Bourse de Luxembourg abrió sus puertas en 1927.

Durante la ocupación alemana todo fue asumido por los alemanes.

El commissariat aux banques se estableció en 1945.

Luxemburgo fue pionera en el Euro-Market en 1963 con una emisión de bonos de 15 millones de dólares que pagó un 5,5%, por parte del Grupo italiano Autostrada, organizado por S.G. Warburg en Londres.

Caisse d'Epargne de l'Etat ("Spuerkess") con la torre del reloj, a través del valle de La Petrusse desde la catedral. © Berna 2014.

La ley SOPARFI llegó en 1965, el Banco de China llegó en 1979, y todo se redujo un poco cuando las autoridades luxemburguesas cerraron el BCCI (Banco de Crédito y Comercio) en 1989.
BCCI fue establecido por el empresario paquistaní Agha Hasan Abedi como un banco centrado en el tercer mundo. Fue creado en 1972 con el respaldo financiero de Abu Dhabi, donde se decía que la

familia gobernante, encabezada por el difunto Sheikh Zayed, tenía una relación muy estrecha con el BCCI.

El BCCI se creó de tal manera que evitaba la regulación central por parte de cualquier agencia bancaria y se aprovechó del amplio secreto bancario de Luxemburgo.

El Emirato fue el mayor depositante del banco, el mayor prestatario, y durante la mayor parte de su existencia su mayor accionista. Un acuerdo final con Abu Dhabi también proporcionó casi la mitad de los fondos recuperados para los acreedores.

En 1985, las autoridades bancarias de Luxemburgo pidieron a Price Waterhouse que investigara las actividades comerciales. Los auditores encontraron que el BCCI estaba perdiendo fuertemente en las opciones y el comercio de futuros, y que estas pérdidas no se registraban adecuadamente.

En 1997, Abbas Gokal, uno de los principales clientes de BCCI y amigo íntimo de Abedi, fue declarado culpable por la Oficina de Fraudes Graves en el Reino Unido y condenado a 14 años de cárcel. Se dice que uno de sus supuestos aliados clave en actividades fraudulentas es el empresario saudita Ghaith Pahraon. Era hijo de un embajador saudita en Europa y seguía siendo buscado por el FBI y las autoridades fiscales de los Estados Unidos.

Se descubrió que el BCCI se había involucrado en un fraude enorme y tenía vínculos con el terrorismo, especialmente con Abu Nidal.

La historia del BCCI fue el mayor de los primeros escándalos internacionales de fraude bancario y financiación del terrorismo.

Otro escándalo con un enlace a Luxemburgo fueron los casos C-402/05 P y C-415/05, P. Kadi y Al Barakaat Int'l Found. v. Consejo y Comisión [2008] ante el Tribunal de Justicia de la Unión Europea. El enlace a Luxemburgo es que el tribunal tiene su asiento aquí.

Yassin Kadi, que fue a trabajar para el propietario mayoritario del banco comercial más grande de Arabia Saudí, National Commercial Bank, supuestamente estuvo involucrado en la financiación integral del terrorismo en Europa, a.o. canalizado a través de una ONG en los Países Bajos y un banco en Bosnia. También se reunió con bin Laden y supuestamente prestó dinero a Hamas.

La Comisión Europea y el Consejo interfirieron con sus actividades argumentando que estaban financiando el terrorismo. Kadi presentó una demanda contra ellos ante el Tribunal Europeo de Justicia y ganó, esencialmente porque las autoridades se negaron a proporcionar pruebas de los crímenes que se le imputaban.

Kadi fue incluido en una lista de terrorismo mantenida por las Resoluciones 1267 (1999) y 1333 (2000) del Consejo de Seguridad de las Naciones Unidas. OFAC - Office of Foreign Assets Control congeló sus activos en los Estados Unidos. Kadi presentó una demanda en Estados Unidos y las autoridades presentaron más de 22,000 documentos en su contra en audiencias restringidas. Kadi siguió figurando como financiador del terrorismo hasta 2012, cuando el Consejo de Seguridad de la ONU lo retiró. Él está estrechamente relacionado con los gobernantes de Arabia Saudita.

Más de 28,000 personas están empleadas en el sector financiero en Luxemburgo. Aunque empequeñecido por el est. 1 millón en la ciudad

Edificio ICBC y Bank of China en Luxemburgo, 32 Boulevard
Royal. © Berna 2014.

Las puertas de bronce de la antigua bolsa de valores eran una celebración artística del capitalismo como el famoso toro en las afueras de Merrill Lynch en Nueva York. © Berna 2014.

de Londres, es relativamente muy grande.

En el camino hacia el supermercado, encontramos una maravillosa obra de arte: las puertas de bronce del antiguo edificio de la Bolsa de valores. Las puertas eran una celebración artística del capitalismo como el famoso toro en las afueras de Merrill Lynch en Wall Street en Nueva York.

Puede que le recuerde a una puerta de discoteca
... ..y la atmósfera de una discoteca es en cierto
modo similar a la de una Bolsa de valores.
Las puertas estaban a la derecha entrando al patio
del supermercado Alima, en la Avenue de la Porte
Nouve.

Mire este maravilloso detalle artístico: las perillas de las puertas
del toro y el oso en las puertas de entrada de la antigua Bourse
de Luxembourg, junto a la Avenue de la Porte Nouve. © Berna
2014.

Ahora han sido retiradas, después de que la Bolsa de valores también se trasladara del centro.

El toro y el oso transmiten el carácter de casino del funcionamiento del mercado libre. Como jugador del mercado, como especulador, puede tener Buena suerte o mala suerte.

¡Pero tienes la oportunidad de hacerte rico y aquí es donde sucede todo!

Tal vez esa no es la imagen correcta para el presente y el futuro? Las ganancias del mercado ahora pertenecen a supercomputadoras y algoritmos de negociación. Una imagen de especulador de rueda libre es tal vez la marca equivocada para la administración de patrimonio.

Luxemburgo se está promocionando como un lugar estable para invertir sus ahorros.

Especialmente en comparación con los peligros que enfrenta en otros países: con el Impuesto a las Transacciones Financieras, el Impuesto a la renta alto, los impuestos retenidos sobre todo tipo de ingresos, el Impuesto millonario, la

Ricos y estables, la multitud en la Avenue de la Porte Nouve. © Berna 2014.

participación local en impuestos corporativos globales, etc., y además de esos enormes salarios para los patrones y el riesgo de derretimientos financieros y confiscación directa. Luxemburgo es más estable y razonable.

De hecho, Luxemburgo es el segundo después de Estados Unidos con su industria de fondos de inversión.

La Comisión Supervisora del Sector Financiero de Luxemburgo -Comisión de Vigilancia del Sector Financiero (CSSF) - impone el estricto cumplimiento de la regulación financiera de la Unión Europea y pone enormes multas a los banqueros y gestores de fondos errantes, todo en profundo secreto, por supuesto, pero a veces se puede escuchar a través de las gruesas paredes.

En raras ocasiones, el fiscal de crímenes financieros - cellule de renseignement financier - impondrá penas igualmente duras y tiempo de encarcelamiento en un proceso más público. Entonces, no se preocupe: sus inversiones están bien protegidas.

Luxemburgo está preparado para obtener una parte justa del éxodo de la Ciudad de Londres debido al Brexit. Brexit es la decisión del Reino Unido de abandonar la Unión Europea en 2019.

¿Y qué hay de los pasteles?
El sector financiero no es el único deleite en Luxemburgo. Luxemburgo también tiene un

próspero sector de pastelería. Patisserie es la palabra francesa para pastelería.

Schumacher

Justo enfrente de la antigua Bourse hay una salida para la cadena de pastelería Schumacher.

Pastel de capas con crema y cerezas, Schumacher, Avenue de la Porte Neuve. © Berna 2014.

Schumacher tiene 15 tiendas en Luxemburgo, tres en la misma ciudad. Compramos nuestro primer pastel en la tienda de 58 avenue de la Liberté, cerca de la estación.

Aquí nos detuvimos para acceder al wifi en busca de nuestro nuevo hogar la primera vez que llegamos a Luxemburgo. Fue una experiencia cálida y acogedora. La tienda de la Avenue de la Porte Nouve estaba más cerca de nuestro apartamento.

Schumacher, Avenue de la Porte Neuve, frente al antiguo supermercado, Bourse de Luxembourg y Alima. © Berna 2014.

El negocio se inició en 1934 con Jos Schumacher. El actual gerente es Henri, nacido en 1958. Ha expandido el negocio sin perder la calidad artesanal.

Como muchos de los otros, Schumacher es una panadería, una panadería, pastelería, una tienda de pasteles, vende chocolate especial, chocolatería y comidas pequeñas, un treaiteur. Schumacher hace tortas para ocasiones especiales, coloridas, bellamente decoradas y delicadas, y del tamaño de la cantidad de invitados. La mayoría de las pastelerías hacen tortas especiales para las diversas celebraciones y días festivos durante todo el año.

Pero el concepto de las tiendas Schumacher ha evolucionado con los tiempos, con una alimentación más "saludable". Schumacher hace hermosas pequeñas ensaladas y almuerzos bajos en calorías. Estos son más adecuados para el trabajo de escritorio de oficina que los pasteles altos en calorías desarrollados en momentos en que la vida requiere mucho trabajo físico.

Pastel de San Valentín de Schumacher. Pasta Choux con crema.
© Berna 2014.

Las calorías son buenas para hacer que tu cerebro trabaje más rápido, cuando te sientas allí con todos los números, pero desafortunadamente algunas de esas calorías tienen la costumbre de acumularse.

Hoy en día, una pastelería es un lugar de venta de pasteles, pero cada vez más de otros productos como sándwiches, también sirve de cafetería, donde puedes sentarte y disfrutar de tu tarta del día con tu té, café o cacao ou otra bebida.

Tarta de capas con crema y lunares, Schumacher, Avenue de la
Porte Nouve. ©Berna 2014.

Schumacher es un negocio familiar con 15 tiendas.
Tiene alrededor de 140 empleados, de los cuales
75 se dedican a las ventas. Eso es un promedio de
cinco personas en cada tienda.

Los otros 65 están empleados en producción. En
2002, Schumacher trasladó la producción central a
nuevas instalaciones en Wormeldange-Haut, en
Luxemburgo.

Las instalaciones de producción tienen más de
4.000 m2 en un edificio nuevo de tres pisos que
opera según los más altos estándares de higiene.

Las panaderías ya no son una tienda con un back-office con cocina y hornos. Son empresas industriales.

La clave del éxito no es solo la escala de producción, sino el mantenimiento de las habilidades y cualidades artesanales de los productos.

Si tiene deseos especiales, Schumacher creará pasteles para su fiesta, su boda, sus relaciones con los clientes.

Hoffmann, la misma tienda que Schumacher por encima, avenida de la Porte Neuve, frente a la antigua Bolsa de Valores de Luxemburgo y el supermercado Alima. © Berna 2018

Por supuesto, no solo Schumacher satisfacerá sus deseos especiales en la creación de pasteles para ocasiones especiales. Esta es la dimensión artesanal.

Al traducir este libro en español en otoño de 2017, Schumacher fue adquirida por Hoffmann, una cadena de pastelería que nunca antes habíamos conocido. La nueva entidad empleará a 230 personas y tendrá 18 tiendas, un centro de producción y un restaurante. La fusión será efectiva a partir del 1 de enero de 2018. Jean-Marie Hoffmann es una pastelera con mucho apetito.. El vice campeón mundial de pastelería vienesa 1996, quien abrió su primera pastelería en Bonnevoie en 1991, anunció en septiembre la compra de su competidor Schumacher. Este acuerdo fue el resultado de "varios meses de negociaciones". "Quería encontrar un sucesor con la misma actitud hacia el oficio, el oficio y los productos", declaró el vendedor Henri Schumacher. Por su parte, Jean-Marie Hoffmann aseguró que todos los puntos de venta se mantendrían y que Prometí retener a todo el personal que trabaja actualmente en Schumacher. La toma de posesión entrará en vigencia el 1 de enero de 2018 y luego los pasteles de la nueva entidad se llamarán Hoffmann. Con sede en Wormeldange, la panadería Schumacher emplea a 190 personas y cuenta con 16 tiendas. La empresa también cuenta con un taller de producción y un restaurante. La pastelería Hoffmann tiene dos tiendas, una en Bonnevoie y la otra en Alzingen, y emplea a 35 personas. Hoffmann también ofrece servicios de catering.

Hoffmann, la misma tienda que Schumacher por encima, avenida de la Porte Neuve, frente a la antigua Bolsa de Valores de Luxemburgo y el supermercado Alima. © Berna 2018

El número total de empleados será de 30 hasta que el Sr. Hoffmann comience a desarrollar su negocio, sin duda, con toda esa energía. El taller de producción tiene la capacidad de continuar su expansión.

Fischer

En el patio detrás del antiguo edificio de Bourse está el supermercado Alima con una salida a Fischer - llamándose a sí mismos "Mäi Bäker" - "mi panadero". Fischer cuenta con 71 tiendas, la mayoría en Luxemburgo, pero nueve de ellas en Francia y una en Alemania (Trier). Por lo tanto, Fischer tiene casi cinco veces más tiendas que Schumacher.

Aquí, en Fischer-Pourte Nueve, a menudo compramos pequeños pasteles que los consumíamos antes de tomar cualquier fotografía. Los caracoles Fischer con pistacho o pasas son muy deliciosos.

El supermercado Alima en 11 Avenue Porte Neuve, Ciudad de Luxemburgo, con la panadería Fischer, al salir del supermercado por la puerta de la izquierda. © Berna 2014.

Otro Fischer es la tienda de Glacis en Avenue Pasteur al lado de Indosuez Wealth Management. Fischer también opera camiones de comida que venden comida a los estudiantes en el descanso del mediodía como en los recintos en la zona de Limpertsberg, en el Campus Limpertsberg y Avenue Pasteur. Fischer es una empresa familiar, fundada en 1913 por Eugène y Marguerite Fischer. Su hijo Joe Fischer incorporó el negocio en 1962 como Boulangerie Industrielle de Gilsdorf S.A.

Cuando Luxemburgo fue ocupado por los alemanes durante la Segunda Guerra Mundial, fue reclutado y obligado a servir en Polonia en 1943 y sus padres y su hermana fueron internados en el campo de concentración Jeschütz-Wartha hasta la liberación. Toda la propiedad de la familia fue confiscada por los alemanes. Joe Fischer reconstruyó el negocio después de la guerra. Es una hazaña increíble reconstruir un negocio artesanal y convertirlo en una empresa industrial con probablemente más de 400 empleados.

Fischer café y tienda en 21 Avenue Monterey, ciudad de Luxemburgo. © Berna 2014.

Joe Fischer continuó modernizando el negocio sin perder la calidad artesanal y el Gran Duque Henri participó en las celebraciones del centenario.

Fisher invita a todos a venir y descubrir todos sus secretos de producción en la fábrica y promete una gira instructiva y agradable.
Se puede registrarse para una visita en el sitio web de Fischer, donde también se puede descubrir sus nuevos productos.

Place de Armes

La Place d'Armes está cerca del Palacio de la Ciudad Grand-Ducal y de la avenida Monterey.
Todo sucede aquí.
Siempre hay gente en Place d'Armes, es el latido del corazón de la ciudad.

En el verano, la Place d'Armes está repleta de mesas y sillas de los muchos restaurantes y clientes que disfrutan del buen tiempo.
Hay un escenario al aire libre para la música programada y los artistas intérpretes.

Place d'Armes, Ciudad de Luxemburgo. © Berna 2014.

En la Place d'Armes hay un gran ambiente: turistas y locales se encuentran. Luxemburgo es una ciudad y un país muy internacional, sobre todo debido a la gran cantidad de extranjeros que trabajan aquí.

Incluso hay una banda romaní de músicos callejeros de Europa del Este.

Place d'Armes, Ciudad de Luxemburgo, llena de huéspedes que disfrutan de la cocina y de excelentes cafés. ©Berna 2014.

Kaempff-Kohler

Una de las pastelerías frente a la Place d'Armes es Kaempff-Kohler.

La casa de Kaempff-Kohler es también una antigua empresa familiar, establecida en 1922 por Pierre Kaempff y Marguerite Kohler en 14 de la rue du Curé, donde hoy se conservan las tiendas. Ahora está dirigido por tercera generación por Guil y Christian Kaempff.

Pastelería y cafetería Kaempff-Kohler 14 de la rue du Curé, patrocinando macarons en el escaparate a la derecha. ©Berna 2014.

Operan dos restaurantes, uno en 18 Place Guilaume que está al otro lado del edificio, con la tienda de pasteles frente a Place d'Armes. Place Guilaume es donde está el Hotel de Ville - City Hall - y cerca del Gran Palacio Ducal.
Kaempff-Kohler hace excelentes mariscos y queso. Kaempff-Kohler también vende macarons: todo el escaparate está lleno de ellos.

Paul

Una de nuestras pastelerías favoritas es Paul, en Avenue Monterey, cerca de Place d'Armes.
No existe una base científica para ninguna preferencia por Paul: ningún algoritmo de negociación en milisegundos. Por el contrario, Paul ni siquiera es un negocio de Luxemburgo, ¡es francés!
Pero las tradiciones de calidad se comparten entre estos países. El origen de Paul es también un negocio familiar, iniciado por Carlomagno Mayot en 1889 cerca de Lille en Francia. Suzanne Mayor se casó con Julien Holder en 1935. Holder creó la marca Paul en 1953 y ahora se extiende por el mundo, ver más abajo.

El nombre de la calle, Avenue Monterey, es uno de los muchos recordatorios de que Luxemburgo formó parte de la colonia española de los Países Bajos.

Paul, en Avenue Monterey, cerca de Place d'Armes. © Berna 2014.

Como colonias, Holanda era una joya, productiva y próspera. ¡Beber tanta cerveza era una costumbre un poco molesta! Los Países Bajos ayudaron a financiar la locura del rey español Carlos Quinto, que quería ser emperador romano, emperador de los alemanes.

No solo tuvo que sobornar a los electores alemanes -fueron extremadamente caros y totalmente infieles- sino también librar guerras devastadoras contra algunos de los electores, que eran más que difíciles de persuadir, y esto llevó a la bancarrota al vasto imperio español.

¡Esta pequeña tienda de Paul tiene los pasteles más deliciosos que puedas imaginar! Cuando el clima no es demasiado frío puede disfrutar de su pastel y chocolate caliente al aire libre.

Luxemburgo tiene una gran cantidad de comidas y bebidas al aire libre cuando hace buen tiempo, te recuerda su pasado cultural como parte del imperio español.

Embalaje elegante Paul: oro sobre negro con una pizca de estrellas. © Berna 2014.

Aunque los pasteles a que este pequeño libro se refiere son principalmente pasteles para llevar a casa, también puede sentarse en la tienda y comer los pasteles a la puerta o al aire libre, así como otros pequeños platos deliciosos con su té, café, chocolate o lo que preferir.

Hay imperfecciones obvias con nuestra "foto de paquete", empezamos a tomar fotos antes de

Delicioso pastel de frutas de Paul, pasta choux con crema. © Berna 2014.

La variedad de los pasteles en Luxemburgo es increíble.

comer los pasteles, ¡no era un plan profesional en absoluto! Estábamos tan encantados con los pasteles tan bonitos y el embalaje impresionante.

Lo que está agregando a la variedad es que las pastelerías no hacen los mismos pasteles todos los días o todas las semanas. Hay una cierta variación en cada tienda todo el tiempo, y de un año a otro.

Agregue a esto que hay una variación entre las tiendas y el campo de variación se ha ampliado considerablemente.

Parece que hay una competencia intensa en este próspero sector de la economía de Luxemburgo. La desventaja de esto es, por supuesto, que tienes que residir en Luxemburgo por un período prolongado y patrullar las tiendas regularmente si deseas obtener una muestra considerable. Dependiendo de la situación, ¡por supuesto se puede enviar los pasteles a casa! La mayoría de las tiendas de pasteles tienen una e-shop.

Ladurée, 7 Rue des Capucins, ciudad de Luxemburgo. © Berna 2014.

Ladurée

Otra cadena internacional se encuentra en 7 Rue des Capucins. Esta cadena internacional francesa tiene perfumes, pastelerías con macarons y chocolate.

También comenzó como una empresa familiar, en París en 1862 por Louis Ernest Laudrée y ahora es

Ladurée en Rue des Capucins, escaparate con macarons. © Berna 2014.

parte de Holder Group, que en realidad también es dueño de Paul. Francis Holder es el hijo de Suzanne Mayot y Julien Holder, que establecieron su casa en una panadería en la Rue de Sarrazins en Lille y que estableció la marca Paul.

Francis Holder y su esposa Francoise tienen tres hijos que también trabajan en el negocio: Elisabeth, responsable del desarrollo de Ladurée en París, Maxime, que dirige el desarrollo de Paul International, y David, presidente de Ladurée y vicepresidente de Groupe Holder.

La cantidad de tiendas de alimentos de lujo, que complementan todas las otras tiendas de lujo en la ciudad de Luxemburgo es un testimonio de los niveles de ingresos.

Por supuesto, también hay que tener cuidado con el aumento de peso ... o pronto hay que cambiar de talla. Afortunadamente, las mesetas de la ciudad de Luxemburgo están marcadas por profundos valles conectados con escaleras con plena oportunidad para ejercicio físico.

Parte de la ciudad se encuentra en algunas mesetas y parte de ella está en los diferentes valles creados por el río Alsette - o Eich, como lo llaman los lugareños y pequeños afluentes.
La mayoría de la gente se desplaza en coches o autobuses grandes. Hay algo raro un hombre en una bicicleta, es peligroso montar en bicicleta en este tráfico agitado. ¡Pero, si se quiere seguir hacienda ejercicio, hay que caminar! Tan a menudo como sea possible.
¡Se puede sentir cómo las escaleras queman las calorías de la tarta cuando se asciende a una de las mesetas!

Fortificaciones

Históricamente, la ciudad de Luxemburgo creció lentamente a lo largo de los siglos, desde un antiguo fuerte romano hasta una fortaleza estratégica casi inexpugnable. La historia vale todo un libro. Francia forzó su rendición en 1795, lo que permitió a Francia anexionarse las partes del sur de Luxemburgo. En 1867 en el Tratado de Londres se acordó desmantelar gran parte de la fortificación y colocar a Luxemburgo bajo una neutralidad perpetua. Luxemburgo fue llamado el "Gibraltar del Norte".

Las fortificaciones ahora han sido catalogadas como Patrimonio Mundial de la UNESCO. Dentro de las fortificaciones hay casamates que puedes visitar y ver, donde se encontraban los soldados y sus suministros.

Fuerte Obergrünewald, Clausen, Luxembourg. ©Berna 2014.

La compañía eléctrica (LEO) utiliza parte de la
antigua fortaleza, a la izquierda en la imagen, a la
izquierda de los palos de bandera en la imagen de
arriba. Bajando por el valle del Petrusse, se puede
ver lo difícil que sería escalar las murallas de la
ciudad fortificada.

La meseta de Kirchberg está separada de la parte
de Gare de la ciudad por el valle del río Alsette. Si
se da la vuelta desde el punto de vista de la

Catedral de Luxemburgo vista desde el "Spurkess" en el Boulevard de la Petrusse, en la parte Gare de Luxemburgo. Petrusse es el nombre de la pequeña corriente ahora concretada en este valle. © Berna 2014.

imagen de arriba, se encontrará frente a "Spuerkess" en la avenida de la Liberté, el antiguo ARBED Palace propiedad de ArcelorMittal, uno de los productores de acero más grandes del mundo.

ArcelorMittal fue una fusión en 2006 entre Arcelor francés e Indian Mittal Steel. Los europeos lucharon para hacer frente a los bajos salarios y la eficiencia en la industria pesada, especialmente

Antigua sede de Arbed, Avenue de Liberté, construida en 1922.
© Berna 2014.

en Asia. Arcelor fue una fusión entre Aceralia española, Unisor francesa y Arbed en Luxemburgo, en 2001.

El palacio fue construido cuando Arbed se hizo cargo de la acería de Gelsenkirchener Hütten A.G. después de la derrota de los alemanes en la Primera Guerra Mundial.
Más tarde fue la sede de Arcelor Mittal, y luego su centro de capacitación, pero ahora es un monumento nacional después de que

ArcelorMittal le dijo a la ciudad de Luxemburgo que dejaría de usar el edificio debido a los altos costos de mantenimiento.

Se ha debatido que el edificio podría albergar una institución cultural nacional de Luxemburgo, pero la Cámara de Diputados se ha resistido a esto, citando las finanzas públicas ya tensas.

Sin duda, un uso adecuado para este gran edificio se encontrará en el futuro, tal vez a través de la filantropía, por la cual Luxemburgo es famoso. O tal vez una organización internacional se interesaría.

En el edificio "Spuerkess", 1 Place de Metz, hay un pequeño pero exquisito museo del banco privado. Los viejos mostradores y el interior del banco han sido cuidadosamente conservados y restaurados, y hay un maravilloso techo de vidrio de color de estilo Art Déco.

Base de la torre en el valle debajo del Boulevard de la Petrusse, de Pont Adolphe. © Berna 2014.

Debajo de "Spuerkess" y Arbed Palace en la Vallèe de la Petrusse se encuentra la base de una torre demolida y algunos bancos donde se puede disfrutar de la sombra o del sol, y un pastel si se trae uno, solo perturbado por el tráfico en la hermosamente renovada Adolphe II Bridge.

La base de la torre demolida es el patio de recreo para las ardillas y los ratones. Se convertirán en tus "outpets (mascotas externas)" si traes comida.

Una ardilla cogió una de nuestras nueces.

Ardilla con una nuez en la torre demolida en el valle de La
Petrusse. © Berna 2014.

Lo bueno de los"outpets" es que puedes
disfrutarlos con muchas otras personas, cuando
no tienes espacio para tener animales (ver nuestra
serie de libros "Outpets" y "Missy's Clan").

Estas escaleras están encima del valle debajo de la catedral, de la rue de la Sermois. Es tan hermoso cuando el sol brilla y las hojas son verdes. Hay un pequeño arroyo a través de este valle, La Petrusse, ahora hormigonado. © Berna 2014.

La relajacion y la alegría que obtienes al interactuar con los animales tienen un gran valor terapéutico.

El valle de la Petrusse se ha convertido en una gran área recreativa. Se puede caminar, correr, montar en bicicleta, disfrutar del sol y del paisaje verde.

En La Petrusse debajo de la catedral. © Berna 2014.

Cuando esté listo para volver a subir, suba las escaleras hacia la Place de la Constitution, donde hay excelentes vistas a "Spuerkess" y al valle de la Petrusse (ver fotos anteriores).

Hay pequeños bosques y laderas de césped verde, un oasis en la ciudad ruidosa.

Más allá del siguiente puente, La Passerelle, hay un enorme nuevo patio de recreo y un centro de actividades para jóvenes y adultos.
Hay muchas oportunidades para quemar las calorías recién adquiridas del pastel.

En el camino a Limpertsberg

Pase el edificio del ICBC - Banco de China a través de los parques - más allá de la sinagoga de Luxemburgo.
En el camino a Glacis y Limpertsberg puede caminar a través de un hermoso parque de unas 20 hectáreas. Fue construido aquí después de que una de las fortalezas fue demolida en 1867. El parque está atravesado por la avenida Monterey y la avenida Emile Reuter.
Si la ciudad convertiría el centro en una zona peatonal completa, el parque se beneficiaría en

gran medida de la eliminación del intenso tráfico en estas calles de paso.

Todavía hay áreas en la ciudad de Luxemburgo con antiguas villas patricias de gran encanto. Muchos de los edificios más pobres han sido derribados y han sido reemplazados por modernos bloques de apartamentos. Arriba se puede ver una maravillosa villa en la rue Grand-Duchess Charlotte con un Weigela de olor dulce trepando por delante.

Pero se puede sentir que la ciudad está creciendo rápidamente y está teniendo problemas para hacer frente al enorme tráfico de los muchos vehiculos generalmente grandes. Cuando una casa vieja da paso a un pequeño bloque de apartamentos, la cantidad de vehiculos aumenta. Hay una gran cantidad de construcciones nuevas por todos lados.

La parte más meridional del parque se llama Parc Edmond J Klein.

Este maravilloso Weigela se encuentra en la rue Grand-Duchess
Charlotte. Luxemburgo es y se siente como una mezcla de
Europa. Se ve y siente a Alemania, España y Francia en la
arquitectura. © Berna 2014.

En el parque central está Villa Vauban, que ahora es el museo de arte de la ciudad. La Villa Vauban fue la primera sede del Tribunal Europeo de Justicia (ver más adelante).

Parc Edmond J Klein por Boulevard Prince Henri. © Berna 2014.

La ciudad de Luxemburgo puede tener una escasez de parques y paseos, pero el parque a lo largo del Boulevard Prince Henri tiene algunos jardineros magníficos.
Los jardineros hacen una bienvenida a la

primavera con flores de colores cuidadosamente combinadas. Los trabajadores a la hora del almuerzo y las parejas se reúnen allí para saborear el mar de fragancia en el sol de primavera.
En una sección del parque hay un gran parque infantil con un velero.

Kinnekswiss adyacente al estacionamiento de Glacis. © Berna 2014.

En el otro lado del parque está la zona de Limpertsberg con su enorme aparcamiento en Glacis. Cerca de este aparcamiento hay otra tienda de pasteles que frecuentamos: el mostrador de pasteles en el Supermercado Cactus.

Aparcamiento Glacis,Limpertsberg. ©Berna 2014.

Glacis Parking es probablemente el mejor lugar de
la ciudad para aparcar su coche alquilado, si hay
espacio disponible. Todo el mundo aparca aquí,
también gente de Luxemburgo de todo el país
para los negocios del día. En el aparcamiento hay
un shuttle gratis que lleva directamente al centro
con todas sus calles peatonales.Pero recuerde se
puede aparcar un máximo tres horas. La estación
de policía local está a la vuelta de la esquina y
tienen a un hombre haciendo rondas escribiendo

multas. Probablemente la estación de policía con mayores turnos en el país.

Los gerentes de riqueza, abogados y agentes de domiciliación se amontonan alrededor de Glacis Parking. © Berna 2014.

Supermercado Cactus

A la vuelta de la esquina hay un supermercado Cactus, que atiende tanto a los gerentes de patrimonios, a los estudiantes a la hora del almuerzo y a los clientes más humildes.

Este supermercado tiene una excelente ubicación. Dos grandes colegios se encuentran cerca y, a la hora del almuerzo, los estudiantes adolescentes se agolpan en la entrada, fumando y comiendo las provisiones de Cactus.El asistente de la panadería en Cactus doble en el mostrador de hamburguesas y salchichas.

Cactus tiene 45 supermercados en Luxemburgo, el mayor en el centro comercial Belle Etoile en Strassen, en las afueras de la ciudad de Luxemburgo, de camino a Bélgica.
Cactus es otra historia familiar de Luxemburgo. Es propiedad y está gestionado por la familia Leesch, que comenzó una tienda de comestibles en 1900. Su primer supermercado se abrió en Bereldange en 1967, hace 50 años.
Hay algo acerca de estos negocios de alimentos: las familias parecen prosperar y crear valor para ellos y sus clientes. Un estómago feliz es un cliente feliz.

Supermercado Cactus, Avenue Pasteur, Limpertsberg. Puedes echar un vistazo al mostrador de la torta dentro a través de la ventana. © Berna 2014.

Puede hacerse rico haciendo feliz a la gente. Algo a tener en cuenta para las numerosas empresas de Private Equity en Luxemburgo.

Cactus hace su propio pan y pasteles. Siempre que es posible, Cactus utiliza materias primas locales - Luxlait leche, mantequilla y crema, harina Moulin de Kleinbettingen y así sucesivamente.

Pastel de San Valentín del supermercado Cactus en Avenue Pasteur. © Berna 2014.

Cactus también tiene una variedad de pan, el Pain Portugais. Un recordatorio de la enorme diáspora de portugueses que vino aquí a trabajar inicialmente en las minas de carbón y en las fábricas de acero (ver Arbed Palace arriba).

Cactus también tiene una variedad de pan. Esto es Pain Portugais, un recordatorio de la enorme diáspora de portugueses que vino aquí a trabajar inicialmente en las minas de carbón y en las fábricas de acero. © Berna 2014.

La economía de Luxemburgo se basaba anteriormente en mano de obra barata para las grandes acerías de la década de 1870, principalmente italianas. Sin embargo, a medida que la economía italiana mejoraba, los italianos comenzaron a regresar y Luxemburgo tuvo que buscar mano de obra de otros países. Los portugueses comenzaron a venir.

Tarta de carnaval del supermercado Cactus, Avenue Pasteur. © Berna 2014.

Los portugueses son ahora el grupo étnico más grande de Luxemburgo, constituyendo alrededor del 16 por ciento de la población. En el censo de 2013 fueron 82.363, en 1960 era insignificante. Luxemburgo es muy atractivo para los portugueses debido a los salarios relativamente altos y la demanda de mano de obra para llenar los puestos vacantes anteriores.

Tarta de St Honoré, supermercado Cactus. © Berna 2014.

Ahora Luxemburgo generalmente tiene suficiente mano de obra pero logra mantener una tasa de desempleo muy baja, cuando otros Estados miembros de la UE tienen demasiada tasa de desempleo.

La tarta del payaso en la página anterior, tuvo éxito con los niños que acompañan a sus padres al supermercado.

Cactus hace muchos diseños de tartas y pasteles de temporada para sus supermercados.

El pastel de St Honoré, a continuación , es una *pâte* à *choux* sobre un fondo duro.

La *pâte* à *choux* utiliza agua para inflar la masa con humedad en vez de levadura u otros productos químicos. La masa se cocina para hacer vapor del agua y la mantequilla, y luego se agrega harina y se cocina un poco para gelificar el almidón en la harina. Luego lo enfría y agrega huevo para lograr la consistencia deseada. Complicado…

Las bolas de masa de *choux* en la parte superior están decoradas con chocolate negro y una crema de pastel se agrega en la parte superior.

Una gran mayoría (alrededor del 73 por ciento) de las personas en Luxemburgo son cristianas, con casi un 69 por ciento católicas. Se permite al Estado participar en la regulación de las sociedades religiosas, como resultado del Concordato Napoleónico de 1801. Luxemburgo se separó de Francia en 1815, pero muchos principios legales han prevalecido.

El catolicismo prevaleció en Luxemburgo desde la Edad Media.
Sientes la cultura del catolicismo en la vida cotidiana en Luxemburgo, diferente a la protestante en el sentido de mayor calidez humana.

Meseta Kirchberg

Desde Limpertsberg se puede cruzar el valle con el río Eich - el Alsette - por el enorme puente de hierro – Puente de la Gran Duquesa Charlotte - pasando del Grand Theatre a la Avenida J F Kennedy. Hay una estatua de su hermana, la Gran Duquesa Marie-Adelaide en el Parque Edmond J Klein.

Pont de Grande-Duchesse Charlotte a las instituciones europeas en la meseta de Kirchberg. © Berna 2014.

Hubo desacuerdo sobre el papel político de la familia del Gran Ducado y la Gran Duquesa Marie-Adelaide tuvo que abdicar a favor de la Gran Duquesa Charlotte.

Luxemburgo es ahora una monarquía constitucional. La asamblea representativa, la cámara de diputados, se encuentra en un edificio junto al Gran Palacio Ducal. Hacen una pequeña caminata al Palacio cuando los nuevos decretos deben ser firmados. El gobierno de Luxemburgo es muy eficiente. Especialmente las regulaciones financieras se implementan rápidamente. Suele ser uno de los los primeros Estados Miembros en implementar la legislación Comunitaria.

En el Plateau de Kirchberg están las Instituciones Europeas, así como muchos otros bancos, administradores de patrimonio, incorporadores, grandes bufetes de abogados, etc.

Hay una cantidad increíble de coches de lujo que dan estatus e informan de las grandes fortunas que amasan los banqueros privados.

Debajo en el valle, al sur de Plateau de Kirchberg se encuentra la casa donde nació Robert Schuman el 29 de junio de 1886, un monumento histórico relevante. La casa fue restaurada por el Parlamento Europeo. La Unión Europea tiene sus propios monumentos importantes. Robert Schuman murió el 4 de septiembre de 1963 en Metz, Francia.

Un poco más adelante se pueden ver fosas de guerra, un triste recordatorio de por qué los líderes de la Europa de la posguerra querían crear una Unión Europea. Más de 15 millones de personas murieron en la Segunda Guerra Mundial. Más de seis millones de judíos fueron perseguidos y asesinados, muchos en campos de exterminio. Más de 1½ millones de romaníes (gitanos) fueron asesinados, muchos de ellos fueron fusilados sumariamente y abandonados al borde de la carretera.

Es un recordatorio de esa tragedia cuando ves a un gitano mendigando a la entrada del supermercado Cactus.

En todas partes de Europa, el nacionalismo está siendo impulsado por políticos irresponsables, deseosos de poner sus manos en la caja de caudales.

Cuando llueve en el puente la Gran Duquesa Charlotte, los peatones se empapan con el agua acumulada, una buena razón para preferir el

Siga por la Avenida John F. Kennedy para cruzar el valle de Alsette, tomada por el puente en el lado de Kirchberg. Ahora es el sitio de una nueva estación de tranvía. © Berna 2014.

camino alternativo, pacífico, hacia el valle de Alsette, a través del pequeño camino de madera.

El puente ha estado bajo renovación durante algún tiempo, para llevar también una línea de tranvía.
Después de esta experiencia caminamos a través del bosque, debajo del túnel del ferrocarril en Vals de Bons Malades y regresamos a casa en 15 minutos. Es nuestro camino a la escuela, IFBL - l'Institut Formation Bancaire de Luxembourg.
Ver la imagen de arriba de las escaleras.

La escalera ya no funciona. Ha dado paso a una importante parada de tranvía para la nueva línea de tranvía, que termina en el aeropuerto. © Berna 2018.

Ahora este descenso es un sitio de construcción para una estación en la nueva línea de tranvía.
Si movemos la cámara hacia la izquierda, se ve todo el tráfico sobre el puente, un rugido enorme y atronador todo el día, y especialmente en las horas punta. Entonces verás el horizonte de la ciudad de Luxemburgo (foto superior).
Luxemburgo fue miembro fundador de la Unión Europea. Formó la Unión Económica Belga y Luxemburguesa con Bélgica ya en 1921. Junto con Bélgica y los Países Bajos, Luxemburgo firmó el acuerdo para la cooperación económica de Benelux en 1944, cuando los países todavía estaban ocupados por Alemania.

Winston Churchill propuso en una conferencia en la Universidad de Zürich el 19 de septiembre de 1946 la creación de una organización europea para promover la paz después de la guerra.

En 1951 Luxemburgo, junto con Bélgica y los Países Bajos se unió a Italia, Francia y Bélgica para fundar la Comunidad Europea del Carbón y del Acero (CECA) mediante el Tratado de París.

El objetivo francés, propuesto por el Ministro de Asuntos Exteriores de Francia, Robert Schuman, el 9 de mayo de 1950, era evitar que Alemania volviera a convertirse en una amenaza militar, al colocar su industria del carbón y del acero bajo

Los nuevos tranvías, fabricados en Zaragosa, España, ayudarán a reducir la contaminación y la congestión en el centro financiero de rápido crecimiento de Kirchberg. © Berna 2018.

control internacional. La organización CECA recibió amplios poderes para regular las industrias en los Estados miembros.
Se creó un Tribunal de Justicia para garantizar que

el tratado se interpretara y se aplicara efectivamente: el primer Tribunal de Justicia Europeo (véase más arriba). Emitió su primera decisión el 21 de diciembre de 1954. Curiosamente, Gran Bretaña fue invitada a las conversaciones sobre CECA, pero no fue.

La casa donde nació Robert Schuman el 29 de junio de 1886 (murió el 4 de septiembre de 1963 en Metz, Francia). A continuación, en el valle de Clausen, al sur de la meseta de Kirchberg. Restaurado por el Parlamento Europeo © Berna 2014.

El Consejo de Europa se estableció en 1950 con 800 delegados reunidos en La Haya.

Pero esta es una cooperación internacional tradicional, basada en la soberanía del estado y la aceptación voluntaria de las decisiones.

En 1950, el presidente belga Paul-Henri Spaak renunció a la presidencia en protesta contra la actitud tibia de los británicos hacia Europa.

Cementerio de guerra en Rue de Neudorf, Clausen, Luxemburgo.

Los europeos que luchan entre sí no es nada nuevo, por desgracia, y esto podría significar la desaparición de Europa como una civilización occidental.

¡Ahora eso también podría amenazar a la industria de las tartas!

La mayor civilización europea fue establecida por primera vez por los romanos. Fueron conquistados por otros europeos, principalmente de Alemania y más al norte, y la civilización casi se olvidó de la barbarie. Las iglesias y los monasterios lentamente redescubrieron el conocimiento perdido durante siglos.

Los vikingos tenían una cocción primitiva: hacían pan plano con harina, sal, huevos batidos y mantequilla. El pan se horneó en un horno precalentado y se horneó durante una hora y media. Se dice que la receta es de Normandía, y se han excavado hornos de pan plano en Suecia.

Los sajones hornearon miel, avena y tartas con especias: galletas de mantequilla.

Desde la Edad Media, se conservan muchos libros de cocina europeos y de Oriente Medio, y las versiones anteriores de los postres y las tortas que se comen hoy no están muy lejos de las comidas anteriores.

No olvides que el Imperio Romano y la civilización sobrevivieron en y alrededor de lo que ahora es Turquía a pesar de que Europa Occidental se hundió en la barbarie. Los bizantinos incluso conservaron el control sobre una gran parte de la península italiana.

Busto de Carlomagno en la cercana Aquisgrán, Alemania. © Berna 2014.

El Papa León III se alió con Carlomagno el 25 de diciembre de 800 para coronarlo como emperador del Sacro Imperio a cambio de su apoyo a la Iglesia Católica Romana, para ser reconocida como la suprema iglesia cristiana sobre Atenas y Constantinopla. Carlomagno tenía su capital en Aquisgrán, al norte del Luxemburgo actual. Hay importantes edificios relacionados con Carlomagno conservados en Aquisgrán. Vale la pena hacer un viaje hasta allí.

Pero ten cuidado, no vayas en un coche viejo. La Unión Europea ha implementado con sensatez los límites de los escapes de los automóviles para tratar de frenar la contaminación del aire. Esto significa que algunas ciudades, incluida la alemana Aachen, exigen que los coches cumplan con las normas EURO 4, y hay que presentar pruebas, o se arriesga a pagar una multa enorme y le remolcan el coche.

Carlomagno había unido a la mayor parte de Europa occidental, donde los emperadores romanos en el este todavía lograron aferrarse a algunas tierras, incluidas partes de Italia, sin el apoyo de los otros europeos. Al final, los romanos orientales fueron saqueados por sus hermanos occidentales en 1204, en su mayoría normandos, descendientes vikingos, de Sicilia.

Podemos especular sobre lo que hubiera sido el mundo si los europeos hubieran estado unidos. El propio Carlomagno se aseguró de que, después de su muerte en 814, las rivalidades mortales entre los príncipes europeos continuaran hasta nuestros días por la división de su imperio entre sus hijos, básicamente en Alemania, Francia y el norte de Italia.

Tribunal de Justicia de la Unión Europea

El Tribunal de Justicia de la Unión Europea (TJUE) es una institución clave en el proyecto de unificación europea. Este es también un punto de crítica para los europeos que se resisten al proyecto. El tribunal ya se ha presentado con el caso Kadi anterior, donde el tribunal fue criticado

por defender los valores constitucionales.
El tribunal se estableció originalmente en 1952
como el Tribunal de Justicia de la Comunidad
Europea del Carbón y del Acero y es alabado por
su papel en el éxito de esta primera unificación.
También fue un tribunal para la comunidad
EURATOM, otro proyecto europeo generalmente
acordó haber fracasado.

El Tribunal de Justicia de la Unión Europea visto desde el otro
lado del valle Eich. © Berna 2014.

En 1958 se convirtió en el Tribunal de Justicia de las Comunidades Europeas, encargado de interpretar el tratado de la Comunidad Económica Europea (CEE), mucho más difuso, donde nuevamente realizó un notable trabajo para hacer que el Tratado de Roma funcione y fomentar objetivos comunes para la cooperación económica.

Las funciones clave del Tribunal de Justicia son:
- Revisar la legalidad de los actos de las otras instituciones europeas
- Imponer el cumplimiento por parte de los Estados miembros de sus obligaciones en virtud de los tratados, e
- Interpretar el derecho de la Unión Europea - los tratados y la legislación secundaria.

El Tribunal de Justicia tiene más de 2000 empleados y ha ampliado sus oficinas en los últimos años. Este es un gran negocio para Luxemburgo, tanto económica como políticamente. Cada vez que un nuevo Estado miembro se une, debe tener un asiento en el tribunal de justicia, enviar jueces, secretarios, traductores y otros trabajadores, ¡de modo que este negocio.

El Tribunal de Justicia de la Unión Europea. © Berna 2014.

simplemente crece y crece con la propia Unión Europea!

Desde el Tribunal de Justicia puede pasar por otras instituciones hasta el centro comercial Auchan. Hay un hermoso callejón de pinos en la rue Leon. Hengen está justo después de IFBL - l'Institut (nuestra escuela, rue Alcide de Gaspen).

Se respira un aire encantador de bosque de pinos y es un refrescante paseo en el almuerzo. ¡Desafortunadamente es demasiado corto! Podría haberse expandido hasta el Centro Comercial Auchan.

Luxemburgo debería plantar muchos más pinos, ya que proporcionan un aire limpio y fresco. El aire del pino es diferente del aire del bosque

Este encantador callejón de pinos en la rue Leon Hengen está justo detrás de IFBL -l'Institut (nuestra escuela, rue Alcide de Gaspen). Se respira un aire encantador de bosque de pinos y es un refrescante paseo en la pausa del almuerzo. © Berna 2014.

caducifolio que no es tan húmedo y difícil de respirar, especialmente para las personas con asma.

Además, como resultado de los altos salarios en la industria financiera, se utiliza una gran cantidad de coches grandes en lugar de transporte público. Las mujeres adineradas de los banqueros conducen automóviles aún más grandes a la guardería, colegio y para ir de compras. La cantidad de los SUV Masserati y Bentley es realmente asombrosa.
Afortunadamente, hay mucho espacio de parking subterráneo debajo del Centro Comercial Auchan.

Centro comercial Auchan

Otro imán de la hora del almuerzo es el enorme complejo de Auchan en el plateau de Kirchberg, en la Avenida J. F. Kennedy.

Auchan es una gran empresa francesa no cotizada. Está presente en 16 países y emplea 337.800 personas.

Centro comercial Auchan, meseta de Kirchberg. © Berna 2014.

Es en parte de propiedad familiar, en parte propiedad de los empleados.
Consiste en tres negocios: un brazo minorista con supermercados, hipermercados, tiendas de conveniencia y comercio electrónico, Immochan y Oney Banque Accord.
El fundador Gérard Mulliez abrió la primera tienda

en Roubaix (norte de Francia) en 1961, en el distrito de "Hauts Champs", y desde allí la empresa ha tomado su nombre.

En 1967, Auchan abrió su primer hipermercado en Roncq (norte de Francia).

El mostrador de pastelería en el supermercado Auchan. © Berna 2014.

En 1969, Auchan abrió el centro comercial Englos, el primero para Europa, cerca de Lille (norte de Francia) y que tenía 30 tiendas.

En 1976, Auchan fundó Immochan, la filial inmobiliaria del Grupo.

Finalmente, en 1977 Auchan lanzó su plan de propiedad de acciones para empleados en Francia.

Paquete del Hipermercado Auchan. ©Berna 2014.

El centro comercial Auchan es solo uno de los 400

Tarta de frutas con frambuesas espolvoreadas con pistacho.
Hipermercado Auchan. © Berna 2014.

centros comerciales gestionados por el brazo Immochan del grupo Auchan. Gestiona centros comerciales en 12 países.

El Hipermercado Auchan en sí tiene una encantadora pastelería.

Tarta de frutas con frambuesas espolvoreadas con pistacho. Supermercado Auchan. © Berna 2014.

Acaba de pasar el mostrador de pescado igualmente apetitoso, por lo que realmente está bajo presión aquí. A menudo vienes al supermercado en un momento en que tienes un poco de hambre, ¡así que la tentación se intensifica!

Además del mostrador de pastelería, el supermercado tiene estantes largos con pasteles preenvasados en un envase transparente, por lo que se sirve a todos los tipos de clientes.
El embalaje en el mostrador de la pastelería es con flores impresas en la caja, ¡así que regalas flores y un pastel al mismo tiempo!

El flujo de clientes y sus diferentes gustos son atendidos por otras dos tiendas de pastelería en la planta baja, frente al supermercado Auchan. Hay una pastelería Paul y otra Oberweis, así como cafés y una heladería.

Las deliciosas frambuesas rojas están llenas de fibra, antioxidantes y vitaminas. Las frambuesas son una fuente de ácido elágico, que puede detener el desarrollo de células cancerosas y, por lo tanto, reducir el riesgo de cáncer.

Oberweis

Al igual que la otra pastelería, Oberweis proporciona una gran cantidad de información sobre los productos y la compañía en su página de internet , y que ahora tienen seis tiendas en Luxemburgo. El negocio familiar se estableció en 1954 y su especialidad adicional es el helado, declarada pasión por Jeff Oberweis.

Jeff Oberweis incluso ha escrito un libro sobre helados, con consejos del profesional y apasionado fabricante de helados.
¡Jeff Oberweis te promete que tú también puedes alcanzar la perfección en tu propia cocina!
Las pastelerías en Luxemburgo compiten entre sí en el uso de envases para llevar a casa con clase.

Oberweiss tiene, por supuesto, también una tienda en el centro de la ciudad de Luxemburgo, ya que Paul tiene una tienda en Auchan.

Oberweis combina el gusto y la impresión visual con lo sublime, en creaciones artísticas que atraen a los clientes adinerados.

Caja de pastel Oberweis. © Berna 2014.

La impresión visual es una mezcla entre el arte moderno y el uso simplista y muy disciplinado de los materiales y las decoraciones.

El nombre de Oberweis aparece grabado en el plato y en pequeños objetos en el pastel: "...*recuerden de dónde vengo*"! ¡Los clientes seguramente recordarán Oberweis!

Tienda Oberweis en 16 Grand-Rue, ciudad de Luxemburgo. ©
Berna 2014.

Tienda Oberweis en 16 Grand-Rue, ciudad de Luxemburgo. ©
Berna 2016.

Los gloriosos pasteles redondos de frambuesa que
brillan en el centro de la imagen están cubiertos
por cucharadas de galletas, vainilla bávara y masa
de frambuesa y una cubierta, coulis, de
frambuesas muy grandes y perfectas. El pastel se
llama Charlotte framboise. Está disponible para
hasta ocho personas.
A la derecha hay pasteles en capas llamados
Ambassadeur. Es con galleta de almendras, masa
bávara con sabor a vino de Riesling y con fresas.
A la izquierda hay una variedad de pasteles

pequeños, de colores brillantes y llenos de colores.

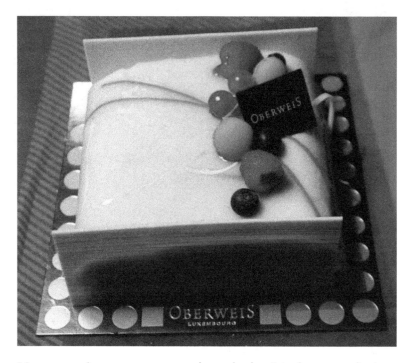

Masa esponjosa en capas con glaseado de pistacho y mezcla de frutas. Oberweis Auchan. © Berna 2014.

El Riesling es un tipo de vino blanco seco y ligeramente ácido de la zona de Mosel. Esta área ha estado produciendo vino desde que los romanos conquistaron el territorio por sus laderas soleadas tan adecuadas para la viticultura.

La zona de Mosel combina la elaboración del vino con el turismo importante, puedes conducir de una bodega a la otra y probar, pero debes tener un conductor para garantizar una conducción segura. Sobre el vino Mosel se necesita un volumen propio. Luxemburgo tiene su propia parte famosa en la producción de vino de Mosel.

Salida Oberweis en el edificio Auchan, Rue Alphonse Weicker. © Berna 2014.

El hombre a la derecha de la foto es un guardia de seguridad que no nos permitió hacer mas fotos.

Él está naturalmente preocupado porque Auchan es un lugar, donde hay mucha gente y es difícil tener seguridad en un centro comercial, donde muchas personas entran y salen de las puertas todo el tiempo.
Hay dos centros comerciales en la ciudad de Luxemburgo: Auchan y La Belle Etoile.
Eso de ninguna manera es suficiente. Luxemburgo necesita otro gran desarrollo. Los clientes diarios en Auchan son las personas que trabajan en la zona.
En el fin de semana, la imagen cambia.
Muchos clientes durante el fin de semana vienen de otras partes de la ciudad o del país para comprar lo que no pueden obtener localmente. Es una clientela más brusca.

Despues de quitar las capas protectoras, las deliciosas capas de la tarta son visibles, y quizás agreguen una confusión de color no deseada, ya que no están cubiertas por el verde.

Detalle: masa esponjosa en capas con glaseado de pistacho y mezcla de frutas. Apartaderos protectores eliminados. Oberweis Auchan. © Berna 2014.

La fruta es perfecta en forma y color y combina con los sabores de la tarta.

Oberweis cambia sus productos regularmente, pero algunos éxitos se quedan en muchos, como el pastel de almendras que se encuentra debajo. Oberweis llama este pastel Dacquois.

Pastel de almendras de Oberweis en el edificio Auchan (Centre Kirchberg) en Rue Alphonse Weiker. Esta torta es galletas macarrones con almendras, mousse de vainilla con trocitos de turroncito. ¡Es un exquisito pedazo de pastel! © Berna 2014.

Dacquois es un clásico de Oberweis.
Está hecho de capas de galleta de macaron con almendras y mousse de vainilla con trocitos de turroncito.

Se puede entregar en tamaños diferentes, para 12 y hasta 50 personas.

Es increíble que Oberweis puede incrementar el tamaño de la tarta sin perder el toque artesanal.

Oberweis en su página web menciona con orgullo las colaboraciones en las que participa -Relais Desserts International- y Le Club de Croqueurs de Chocolat.

Relais Desserts International reúne a diez países, formando una larga cadena de algunos de los pasteleros de mayor reputacin en su profesión con altos estándares profesionales compartidos. La membresía de la asociación Le Club de Croqueurs de Chocolat consiste en grandes amantes del chocolate, consumidores informados, buenos conocedores y, sobre todo, apasionados.

Los miembros de "Le Club des Croqueurs de chocolat" provienen de entornos profesionales extremadamente variados. Las artes y las profesiones se combinan para sacar lo mejor.

El campo

Luxemburgo es un país pequeño y la ciudad se ha desarrollado históricamente a lo largo de las antiguas carreteras y alrededor de las fortificaciones. En comparación con otras capitales europeas, creemos que debería haber más parques, más senderos y más carriles para bicicletas.

La gran área detrás de Weimeskirch, entre Kirchberg Plateau y Route de Echternach. © Berna 2014.

Comparado con muchas otras ciudades mucho más grandes, Luxemburgo, a pesar de su modesto tamaño, confiere al visitante las intensas vibraciones de una capital.

Los residentes del otro tamaño sienten la carga del tráfico de la carretera. La congestión de la mañana, tanto en la ciudad como en las carreteras principales de Francia, Bélgica y Alemania es muy pesada. La historia y la presión dificultan la planificación.

Sin embargo, detrás de la rue du Soleil y de Fond Sant Martin hay una gran zona de cultivo con una carretera a su alrededor. La ciudad debería trabajar con el propietario para convertirlo en un parque y mantener hábitats. Aquí se encuentran el jilguero y muchas otras aves. Un gran ave rapaz está anidando en la parte del bosque accesible por la vía férrea.

El camino pavimentado o sendero alrededor de esta meseta separada es un área popular para caminar, andar en bicicleta, hacer trekking, pasear al perro y otras actividades de ocio.

Aquí hay un área enorme que actualmente es tierra agrícola, pero que podría convertirse en un maravilloso centro de actividades al aire libre para todas las edades.

Supermercado Delhaize

Delhaize es una cadena de supermercados belga que tiene muchos puntos de venta pequeños en

Tienda de Delhaize en la gasolinera en Cote dÉich, Luxemburgo. © Berna 2014.

estaciones de servicio y supermercados más grandes.

El que se ve en la foto es un "Shop-and-Go" en la gasolinera que sale de la ciudad de Luxemburgo, rue d'Eich 2.
Jules Delhaize trasladó su tienda a Gare l'Oest en Bruselas en 1883 y el negocio creció.

Incluso en esta pequeña tienda hay una atención importante a la iluminación y la presentación que

Logotipo de Delhaize en la gasolinera rue d'Eich. © Berna 2016.

Caja de pan Shelved en la tienda Delhaize en la gasolinera Cote dÉich, ciudad de Luxemburgo. © Berna 2014.

se combina con el olor del horneado fresco que tanto atrae a los clientes. Como puede ver en la imagen de arriba, puede comprar hasta tarde.

El pan era un tipo de pan blanco durum ligeramente pesado, dividido en bolas separables.

Pan de Delhaize en la estación de servicio Cote d'Eich. © Berna 2014.

Castillo de Beaufort

Hay una serie de castillos maravillosos para ver en Luxemburgo y caminando por Müllerthal nos encontramos con el Castillo de Beaufort.
En el camino hay arbustos de bayas silvestres en flor, sauces y verde avellana ligeramente como los primeros signos de la primavera.

Bonito paisaje de primavera Ruta de Echternach en el camino hacia el castillo de Beaufort. © Berna 2014.

De esta manera, la ciudad de Luxemburgo.
cuenta con un paisaje abierto muy cerca. Muchas
personas viven en las afueras de la ciudad y
conducen hasta allí todas las mañanas al trabajo.
El sistema de transporte público también
transporta una gran cantidad de pasajeros a la
ciudad.

Route d'Eternach, Luxemburgo. © Berna 2014.

También hay una gran cantidad de nuevas
construcciones de unidades unifamiliares, y la vida
en el campo es excelente para criar a los hijos.

Los adolescentes viajan en autobús a las universidades de la ciudad de Luxemburgo en Limpertsberg.

Lo que es especialmente encantador de Luxemburgo son los pequeños pueblos con las antiguas granjas todavía en el centro del pueblo, no en el sentido literal, el edificio todavía está ahí y bien conservado, y sin el encantador olor del campo.

El olor del pasado era más fresco, de todos modos. Hoy en día, el estiércol se almacena en fermentación anaeróbica y cuando lo extiendes en primavera o según el horario prescrito, el olor no es fresco y encantador, sino opresivo. Si el almacenamiento estuviera oxigenado, habría muchos menos malos olores, pero esa es una decisión de la industria.

Las ruinas de la fortaleza del castillo de Beaufort, que se construyó entre el siglo 11 y el siglo 16, atrae a unos 70.000 visitantes cada año .. El primer señor fue Walter de Wiltz mencionado en un documento de 1192.

Las ruinas del castillo de Beaufort. © Berna 2014.

Los grandes ventanales en estilo renacentista fueron añadidos por Jean, Baron de Beck, quien adquirió Beaufort el 27 de noviembre de 1639 como gobernador de los Países Bajos para la corona española. Durante los 30 años de guerra comenzó a construir un verdadero castillo renacentista, pero fue herido en la batalla de Lens en 1648 y el nuevo castillo fue completado por su hijo un año después.

Este es un pastel de manzana muy tradicional de venta en los supermercados Cactus. Tan bueno como un horno industrial. © Berna 2014.

Hay muchos más castillos magníficos en Luxemburgo.
Desde el aparcamiento en el Castillo de Beaufort, hay un hermoso camino al bosque a lo largo del arroyo, que pasa por el castillo, y que anteriormente se utilizó para llenar un foso defensivo alrededor de la fortaleza.

Puedes traer comida y pastel si quieres. Al salir de la ciudad de Luxemburgo, hay un supermercado Cactus, que también tiene más pasteles tradicionales.

Hay una gran variedad pasteles de manzana en esta zona. Eran un alimento común cuando la vida era más física, con trabajos pesados y trabajos mucho más duros en el hogar que en la actualidad, porque era necesario comer cosas con un contenido mas calórico.

Las manzanas son una de las frutas más antiguas cultivadas por el hombre.

La teoría es que los manzanos crecieron en los bosques de Europa del Este y que los viajeros los trajeron a Europa Occidental y comenzaron a cultivarlos.

La tradición dice que Eva le ofreció a Adán una manzana que le dio el conocimiento para distinguir el bien del mal. Pero no hay texto que diga que fue una manzana, es una invención artística.

Müllerthal

El paseo por el camino de Bouchewald en el Castillo de Beaufort (Mullerthal) o "la Petite Suisse" en Luxemburgo nos hace vivir una experiencia maravillosa de una duracion de una hora. Un camino a lo largo de un pequeño arroyo que crece lenta pero visiblemente.

La pequeña corriente gotea y cae por las rocas hasta que se ensancha en una corriente mas

Para el paseo en Müllerthal, deliciosas trozos de manzana de Paul. © Berna 2014.

grande. Hay una serie de rutas de senderismo en Müllerthal.

Müllerthal lidera constantemente la lista de los "puntos de interés" de los visitantes de Luxemburgo, por lo que vale la pena acercarse a visitarlo.
Solo lleva 15 minutos conducir desde la ciudad de Luxemburgo. Es más difícil en tren.

Las piedras están cubiertas de musgo y el aire está lleno de frescura.
Las aves cantan y los insectos zumban. El viento siempre cruje suavemente las hojas y asiente las flores. El sonido del tráfico es casi inexistente.
Estás casi como en otro mundo.
Hay increíbles formaciones rocosas a lo largo del paseo de madera en Bouchewald (Müllerthal). El agua ha disuelto la parte más blanda de la roca y ha dejado extrañas e inspiradoras celosías.

Más abajo en el camino, por Echternach, hay una cascada pequeña.

Imagen de la página anterior: el arroyo se tambalea a lo largo del camino de Bouchewald, en el castillo de Beaufort (Müllerthal) o "la Petite Suisse" en Luxemburgo. © Berna 2014.

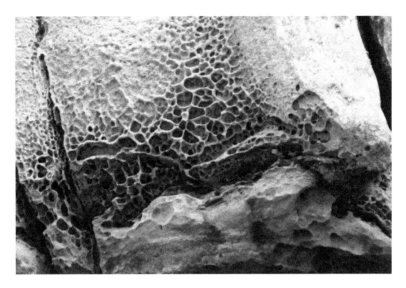

Increíble formación rocosa en la caminata de madera en Bouchewald (Müllerthal) junto al Castillo de Beaufort. El agua ha disuelto la parte más blanda de la roca y ha dejado este enrejado. © Berna 2014.

A lo largo del camino se encuentran las formaciones rocosas más fantásticas y también algunas cuevas excavadas en la roca junto al agua. Los paseos son exuberantes bosques y hay excelentes vistas.

Es preferible llevar buenos zapatos.

Árbol de Navidad decorado con galletas al horno realizadaspor escolares locales. Centro comercial La Belle Etoile, Luxemburgo-Strassen. © Berna 2016.

Navidad

El año en Luxemburgo está dividido por una serie de festividades populares y una de ellas es, por supuesto, la Navidad.

En noviembre se erige un gran mercado navideño en el centro de la ciudad de Luxemburgo, en la Place d'Armes, con múltiples puestos que sirven Glühwein - vino tinto con especias calentado al estilo alemán - y la venta de todo tipo de productos y adornos, incluidos los pasteles Mänschen y mucho más.
El mercado se extiende a la casi contigua Place Guillaume con el Hotel de Ville (ayuntamiento).

El mercadillo de Navidad en la ciudad de Luxemburgo, es un mercado que se abre en las semanas de Adviento.

En Navidad todo el mundo está contento, hay muy buen ambiente. La gente está relajada después del arduo trabajo de todo un año.

Mercado de Navidad en Place d'Armes, Luxembourg Centre. ©
Berna 2014.

Tal vez sea el vino tinto caliente, o tal vez el bono
de Navidad, si se recibe la tradicional paga de 13
meses de salario cada año.
Los mercadillos de Navidad son una gran tradición
en todos los países que rodean Luxemburgo. Hay
una gran variedad para visitar cerca en Bélgica,
Francia y Alemania

Algunos puestos tienen pasteles tradicionales
como los pasteles de miel.

Puesto de pastel de miel en el mercado de Navidad, Place d'Armes, Luxemburgo. © Berna 2016.

El mercado de Navidad se originó en alemania en la Edad Media, pero ahora se ha extendido a la mayoría de los países europeos e incluso también fuera de Europa. Se llama Christkindlmarkt, Marché de Noël, Christkindlesmarkt, Christkindlmarket y Weihnachtsmarkt.

Es un negocio grande y complicado. El ayuntamiento puede firmar un acuerdo principal con un organizador del mercado, que luego entrega una "solución de paquete" con una variedad de puestos, dirigidos por propietarios o administradores de puestos con experiencia, venidos de varias partes de Europa.

Puesto de vino caliente en Place d'Armes. © Berna 2016.

Hay puestos de comida, puestos con gorros de invierno y guantes, puestos con diversas creaciones artesanales o artísticas y, por lo general, también un puesto con decoraciones navideñas y figurillas votivas, para la exposición de belenes, una tradición católica.
Los puestos más concurridos y lucrativos son los

de vino caliente y cerveza. En su mayoría, el alcalde no fomenta el consumo de alcohol en las calles, pero la Navidad es una feliz excepción.

El puesto de Glühwein - tienda de vino caliente, − foto de arriba, será el lugar más concurrido de todo el mercado. Tradicionalmente se prepara en la temporada de Adviento.
La razón por la cual no hay personas en la imagen es que las gradas han sido recientemente instaladas y listas para funcionar.

En una invitación del British Ladies Club para el 8 de diciembre de 2017 se puede ver el siguiente mensaje
"Únase a nosotros el viernes, 8 de diciembre a las 11.30 para beber un poco de Gluhwein en el mercado principal en la Place D'Armes cerca del gran árbol de Navidad y el tren de gluhwein. ¡Traiga un sombrero de Navidad o cualquier accesorio navideño para tomar fotos divertidas! ¡Esperamos verte allí!"

El Glühwein está hecho de vino tinto o vino blanco que se calienta con naranjas comunes y limones y varias especias también se agregan -

Reno de Navidad Oberweis 16, Grand Rue. © Berna 2016.

especialmente canela y vainilla.
Otras bebidas similares son Glögg, Grog y Punsch.

Ya los romanos bebían vino caliente y la tradición continuó hasta la Edad Media.

Oberweis a un lado de la Place d'Armes exhibe un gran reno blanco en la entrada.
En el otro lado de Place d'Armes, Kaempff-Kohler sobresale con una vitrina de chocolates.
Kaempff-Kohler también luce el emblema de proveedor de la Corte Gran Ducal.

Exhibición navideña de Kaempff-Kohler y Escudo de armas del Gran Ducado. © Berna 2016.

En Luxemburgo también hay una tradición navideña de que se come "Boxermädchen" o "Boxermanchen" para el desayuno de Saint-Nicolaus el día 6 de diciembre hasta la Navidad. El panecito se sirve con chocolate caliente.

La tradición de "Boxermädchen" también se conoce en Alsacia en Francia, al sur de Luxemburgo, así como en partes de Bélgica, Alemania y en Suiza. En Alsacia el panecito se llama petit bonhomme, en Francia-Comté "Jean bonhomme", en la Suiza de habla alemana se llama Gritibänz y en Alemania Weckmann o Stutenmann y en Bélgica cougnous.

Algunos dicen que es realmente una tradición estadounidense que comenzó en 1875 en la revista St Nicholas Magazine.

Luego se trasladó a Europa donde se afianzó y pasó a formar parte de las tradiciones locales.

Otros dicen que es una tradición mucho más antigua iniciada por San Nicolás, obispo de Myra alrededor de 345 A.D. Myra es una ciudad en la costa sur de la actual Turquía, pero que era la Roma Oriental Cristiana.

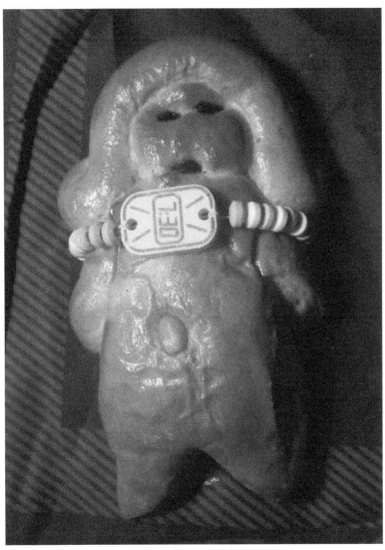

Luxemburgo "Boxermädchen" para el desayuno de Saint-Nicholas el día 6 de diciembre hasta Navidad, servido con chocolate caliente. © Berna 2014.

Otro pastel para la temporada es Buche Noël o Yule Log.

Buche de Noël de Schumacher, de Alima en la Rue Pont-Neuve, Navidad de 2013. La Buche de Noël se llama Yule Log en ingles. © Berna 2014.

La costumbre original premedieval original de Francia era que la gente se juntara y quemara troncos, celebrara el solsticio de invierno y se deshiciera del año viejo.
En el siglo XIX, esta costumbre se desvaneció y, en

cambio, el Buche de Noël llegó a ser un pastel que parecía un tronco y que se comía en Navidad.

Se encuentra en muchas versiones diferentes, coloridas y artísticas. Es un tipo de rollo, a menudo con crema de mocca y decorado con figurillas de azúcar que parecen nieve.

Catedral de Luxemburgo Notre Dame

La Catedral es una gran obra gótica con elementos de Renacimiento. La primera piedra fue colocada por el padre François Aldenard el 7 de mayo de 1613.

Los monjes jesuitas abrieron una universidad aquí ya en 1603 y enseñaron a los niños hasta 1773. La iglesia fue elevada a Catedral el 27 de junio de 1870 por el Papa Pío IX.

La Catedral fue reconstruida y ampliada en 1935 a 1938 a su estilo actual y combinó varios edificios en un plan armonioso.

Dentro de la catedral de Luxemburgo Notre Dame. © Berna 2016.

Como Luxemburgo es predominantemente un país católico, se encuentran las costumbres y tradiciones asociadas, como el vestuario elegante de la patrona para las ocasiones.

Hay muchos edificios y monumentos cristianos en todo el país: conventos, iglesias, catedrales, basiliscos.

La cercana ciudad de Echternach es famosa por su Abadía benedictina fundada por San Wilibrond (698) y tiene una procesión de danza el martes de

Catedral de Luxemburgo Notre-Dame. © Berna 2014.

La Virgen María, Nuestra Señora de Luxemburgo, patrona del Gran Ducado. Espléndidamente vestida para la ocasión. ©Berna 2016.

Pentecostés, a menudo unos 12,000 peregrinos y más de 8,000 bailarines.

En la ciudad de Luxemburgo, desde 1666 se celebra una Octava para la patrona, Nuestra Señora de Luxemburgo, el quinto domingo después de Pascua, el festival principal de la iglesia en el país.

Mercado de Navidad en Luxemburgo, junto a la catedral. © Berna 2016.

Una Octava es una fiesta católica que dura ocho días, por lo tanto, el nombre de "octava", pero también puede significar el octavo día de esa fiesta. Las dos octavas oficiales son Navidad y Pascua.
La comunidad judía se remonta al siglo XIII, lo que

la convierte en la fe más antigua de Luxemburgo y representa 650 practicantes en la actualidad. Hay una gran sinagoga en Avenue Grand-Duchess Charlotte.

Mercado de Navidad en la Plaza de la Constitución en Luxemburgo, con la corona de la Catedral de Notre-Dame y aguja en el fondo. Allí hay una noria con cabinas abiertas, y aunque la mayoría de los inviernos son leves, la experiencia puede ser fría.

Namur

Namur concluye nuestra camino por el mundo de las pastelerías de Luxemburgo, con el pastel de Año Nuevo.
Namur es otra historia familiar de Luxemburgo. Nicolas Namur fue enviado a Nueva York en 1851 después de un aprendizaje en Metz y París. En 1854 abrió una pastelería en Sacramento, California. En 1861 regresó a Luxemburgo después de la Guerra Civil estadounidense. En 1863 abrió su primera pastelería en Luxemburgo.

El sobrino de Namur, Georges Paquet, se hizo cargo de la gestión en 1930 y se quedó hasta finales de la década de 1960, y sus nietos Max y Jean-Paul Nickels se hicieron cargo.

Pastelería Namur en el Centro Comercial La Belle Etoile, Luxembourg-Bertrange. © Berna 2016.

Namur tiene una serie de puntos de venta que incluyen el alquiler de salas de recepción en Hamm y la venta por Internet de sus chocolates.

Namur hace grandes exhibiciones creativas con sus chocolates en el centro comercial La Belle Etoile.
En la foto de abajo se ve un conjunto gigantesco de corazones de chocolate decorados y coloridos

Enorme conjunto de corazón de chocolate de San Valentín de Namur, La belle Etoile. © Berna 2016.

Se origina en la fiesta romana de Lupercalia.
El día de San Valentín es el 14 de febrero. No es
un día feriado oficial en ninguna parte.

Los regalos que los amantes se envían
generalmente son flores o dulces, así que esta es
un área natural para que Namur se expanda con
sus creaciones de chocolate. La tradición de una
carta escrita a mano ha dado paso a las tarjetas de
felicitación de producción masiva y ahora todo
tipo de ilustraciones que se puede descargar en
internet.

Una costumbre especial en Luxemburgo es
Bretzelsonndag. Cae a la mitad de la Cuaresma,
"Halleffaaschten". La tradición es que los hombres
de Luxemburgo le dan a sus novias un Bretzel con
almendras. Luego, el domingo de Pascua dan un
huevo de chocolate. El Bretzel está hecho de masa
de hojaldre y también se puede rellenar con
chocolate.

Los ingredientes principales en Namur son
almendras de Sicilia, nueces del Piemonte, fresas
Senga Sengana - una fresa de sabor

Pretzel de Luxemburgo, o Bretzel dado a la mitad de la
Cuaresma. © Berna 2014.

particularmente fuerte, castañas de Turín y
naranjas no tratadas de España.

Con estas materias primas, que puede encontrar
en cualquier hogar, Namur agrega procesamiento
artesanal, como la otra pastelería, y creatividad.

Pastel muy dulce y tradicional de la pequeña pastelería Namur en 44, av. de la Liberté cerca de Luxemburgo gare. © Berna 2014.

Si piensas cómo se procesó la comida hecha con los ingredientes crudos en los hogares, este esfuerzo que lleva mucho tiempo ha sido desplazado por la industrialización, el ama de casa intercambiando su tiempo, ya sea en la oficina o en el salón de belleza, dependiendo de los ingresos de su esposo. paga al artesano para realizar estas creaciones en vez de hacerlo en casa.

Esto de ninguna manera es un desarrollo occidental moderno.
En muchas ciudades y culturas antiguas, la división del trabajo ya había alcanzado una etapa avanzada.
En Roma, la panificación se convirtió en un proceso industrializado en el año 171 aC, según Plinio. Se añadió pan romano de lujo, miel, leche, huevos, aceite y especias.
Con la especialización viene el tiempo del experto, el ingeniero artesano, que tiene el tiempo, la habilidad y el trabajo para desarrollar el producto.

El nombre del fundador, Namur, probablemente proviene de la ciudad belga del mismo nombre. Esto muestra cómo la historia europea es la gente está entrelazada y se mueve a través de lo que más tarde se convirtió en fronteras nacionales.

Algunas personas se mudarán, como sucede en la naturaleza. Aproximadamente el ocho por ciento

Embalaje de Confitería-pastelería Namur. © Berna 2014.

del salmón del Atlántico, Salmo salar, nadará hacia el río "equivocado" para desovar. El otro 92 por ciento se quedará en casa, con increíble precisión en el mismo lugar donde fueron incubados.

De esta manera, la Madre Naturaleza aseguró que se poblaran los nuevos ríos en las tierras descubiertas después del Deshielo en la Era de Hielo.

¡Y de la misma manera, la madre naturaleza envía dulces de todo el mundo para asegurar que los residentes tengan una gran variedad de opciones! El truco es mantener una base estable y ponerle la cantidad correcta de talento nuevo. Al probar las tartas de Luxemburgo, se ve cómo se ha logrado un éxito increíble para un país tan pequeño. Las bodas son una parte clave del éxito.

Las bodas pueden ser grandes empresas. En algunas culturas, son un negocio regular, donde los huéspedes se suscriben con regalos, no solo regalos, sino contribuciones financieras para comenzar la nueva pareja en la vida y en los negocios. Un desarrollo estadounidense es el planificador profesional de bodas.

Como muestra la historia de Luxemburgo, la combinación adecuada puede hacer que una familia crezca en influencia y prosperidad. Desde la compra de una antigua fortaleza romana, la familia del Gran Ducado ahora gobierna un país entero, aunque pequeño.

¿Qué chica no sueña con casarse con el Príncipe en el Caballo Blanco y convertirse en una princesa y vivir felices para siempre en el Castillo Real?

Insignias de tarta nupcial y diseño de Namur, La Belle Etoile. ©
Berna 2016.

Celebrando la unión de los amantes, los pasteles
son ahora de gran diseño y se los comen todos los
invitados a la boda, y los

recién casados cortan el primer trozo.

Pastel de Año Nuevo de Namur, centro de envío La Belle Etoile,
Luxembourg-Bertrange, © Berna 2016.

Los pasteles de boda tienen una historia que se remonta a la Edad Media, pero no siempre se consumieron, sino que se arrojaron a la novia como símbolo de fertilidad.

Al igual que un año llega a su fin, también lo hacemos nuestro paseo por el mundo de Luxemburgo de pastelería.

Celebramos el final con un pastel de año nuevo de Namur. El pastel es una maravillosa mousse de chocolate con almendras y turrones. Está generosamente decorado con principalmente adornos de chocolate.

Es posible que hayamos omitido a alguien que debería haber sido incluido, por lo que nos disculpamos, y tal vez tengamos la oportunidad de corregir esto en una próxima edición.

¡Esperamos que hayáis disfrutado de este pequeño paseo por el mundo de los pasteles en Luxemburgo!

Sitios web:

https://www.aholddelhaize.com/en/home/

http://www.auchan.lu/fr/

http://www.cactus.lu/page.asp?id=129&langue=FR

http://www.delhaize.lu/recettes/chercher/pain?page=1

http://www.fischer.lu/notre-entreprise/

http://www.kaempff-kohler.lu

http://www.namur.lu/

http://www.oberweis.lu/

http://www.boulangerie-paul.lu/

http://www.schumacher.lu/online/www/content/FRE/index.html

http://www.blc.lu/event/christmas-market-gathering-for-gluhwein/

www.relais-desserts.net

www.croqueurschocolat.com

Oferta limitada:

Si los lectores desean elementos con algunas de las imágenes utilizadas en el libro, póngase en contacto con los autores en missysclan@gmail.com

Jarra
Plato
Póster
Lona
Calendario
Tarjeta
Carcasa de telefono
Cobija

Para otros artículos por favor pregunte.

Sello y firma de la pastelería visitada

Sello y firma de la pastelería visitada

Belén de Navidad España

ISBN 978-2-919787-02-9

Una de las maravillosas tradiciones de la Navidad es la Natividad, muestra de la escena del nacimiento de Jesús. Pero no tienes que ser cristiano o un asistente a la iglesia para amar estas maravillosas exhibiciones. La creatividad y el arte hablan a todos los niños y al niño en todos nosotros.Disfrute encontrando sus propias figuritas y accesorios de Natividad en los mercados navideños y en tiendas especializadas.